LAS TINIEBLAS EN EL DÍA DE PENTECOSTÉS

y

LA DONCELLA Y LAS FRESAS

y

*Cuarenta sonetos menos uno
de amor fracasado, nostalgia y violencia,
con una traducción en inglés por el autor*

Charles Savage, M.D.

Prospector Press
PO Box 29175
Bellingham, WA 98228-1175

Book Design by Denton R. Moore

Library of Congress catalog card number: 99-074023

ISBN: 1-888756-01-2

Manufactured in the United States of America

LAS TINIEBLAS EN EL DÍA DE PENTECOSTÉS

y

LA DONCELLA Y LAS FRESAS

The Darkness in the Day of Pentecost
&
The Maiden with the Strawberries
(The Road to Cayey, June 1940)

Dos poemas largos puertorriqueños y guatematelcos en verso libre y cuarenta sonetos menos uno de amor fracasado, nostalgia y violencia: el texto original español, con una traducción en inglés por el autor (The author's original Spanish and his English translation are on facing pages)

Introduction and Dedication

A 1933 high school assignment to analyze Cuba's political climate, and in 1940 a one-year stint with the US Corps of Engineers in Puerto Rico — from such seeds sown early on — developed a lifelong love of all things Spanish. It was an affair that progressed by fits and starts and came into full bloom only three score years later. In 1993 I was invited by the Rev. Marcia Davenport to work with the mission from St. Anne's Episcopal Church of Annapolis to its sister parish, the Maya-Quiche Episcopal Seminary at San Juan Apóstol in Chichicastenango, Guatemala. Since then, I have, with the help of friends, tutors and some very fine schools, immersed myself in the beauty and rhythm of the Spanish language and its people.

To my friend and colleague, Dr. Michael Woodbury, thanks for pointing the way to my mentor, tutor and sometime protagonist of my poems, Maritza Rivera. It was she who turned me loose to forage and fend for myself on the streets and in the markets of Puerto Rico. She thrust me from the comfort of the academic world and planted me firmly in the living, breathing world of modern Spanish. It was at her behest that I wrote my first poems, *In the Garden* and *Waiting for the Sunrise.* The third, *María Elena,* was written in a van during a mad rush through the mountains of Guatemala on the way to the airport. It was the only way I could sublimate my anxiety as we tore along the narrow, winding and treacherous roads.

After that, other experiences, sights and memories clamored and begged for expression. They emerged as sonnets and poems in Spanish that did not easily lend themselves to

Introducción y dedicación

En mi escuela secundaria en 1933 me asignaron la tarea de
analizar el clima político de Cuba y en 1940 un año de
servicio en el Cuerpo de Ingenieros de los E.U.A. en Puerto
Rico — de estas semillas floreció un encanto de toda la vida
de todo lo español. Fue un encanto que progesó espor-
ádicamente y sólo vino en flor llena sesenta años después. En
1993 la Rev. Marcia Davenport me invitó a trabajar con la
misión de la Iglesia Episcopal Sta. Anne en Annapolis, Maryland, con su parroquia hermana del Seminario Episcopal
Maya-Quiche de San Juan Apóstol en Chichicastenango,
Guatemala. Desde entonces, con la ayuda de amistades,
tutores y unas escuelas excelentes, me he sumergido en la
belleza y el ritmo del idioma español y su gente.

Gracias a mi amigo y colega, Dr. Michael Woodbury, por
dirigirme a Maritza Rivera, mi mentora, tutora y a veces la
protagonista de mis poemas. Fue ella que me soltó en las
calles y los mercados de Puerto Rico para defenderme a mi
mismo. Ella me empujó desde la comodidad del mundo
académico y me plantó firmemente en el mundo vivo del
español moderno. En respuesta a la sugerencia de ella, escribí
mis primeros poemas, *En el jardín,* y *La noche oscura de mi
celda.* El tercer poema, *María Elena,* fue escrito en un
autobús manejando de prisa en las montañas de Guatemala
yendo hacia el aeropuerto. Fue la única manera de sublimar
mi ansiedad mientras carenabamos por los caminos angostos,
serpentinos y peligrosos.

Después de esa experiencia, otras experiencias, vistas y
memorias clamaron por expresión. Emergieron como sonetos
y poemas en español que no siempre se prestaron a una
traducción al inglés. La traducción no hubiera sido realizado
sin la ayuda afectuosa de mi hija Emmy y mi colega María
Elena. A ellas y a todos que me han alentado y apoyado mi

translation into English. These translations were possible only with the loving help of my daughter Emmy and my colleague, María Elena. To them and all of you who have encouraged and supported my journey into Spanish literature and poetry, I extend my love and thanks: Denny Moore, my friend and publisher, Susan Bell Gaitán, my editor; Maritza Rivera, my tutor and mentor; and my many teachers and colleagues from the University of Puerto Rico, the University of Maryland, the Centro Maya de Idiomas, in Xela, Guatemala, and above all, the Spanish School of Middlebury College, Vermont. Thanks also to Manuel de la Puebla of Ediciones Mairena, who convinced me to publish both in Spanish and English. Not since medical school have I experienced such excellent and inspiring teachers and friends.

Charles Savage, M.D.
Sherwood Forest, Md.

camino en la literatura y poesía española, extiendo mi amor y gracias: Denny Moore, mi amigo y publicador; Susan Bell Gaitán, mi editora; Maritza Rivera, mi tutora y mentora; y a todos los amigos, maestros y colegas de la Universidad de Puerto Rico, la Universidad de Maryland, el Centro Maya de Idiomas en Xela, Guatemala, y sobre todo el Colegio do Español de Middlebury College, Vermont. Gracias también a Manuel de la Puebla, de Ediciones Mairena, el que me convenció publicar en inglés además del español. No desde escuela médica he tenido la experiencia de tan excelentes e inspirantes maestros y amigos.

Carlos Sal

Table of Contents

Índice

xi

The Darkness In the Days of Pentecost

To the North the primeval forests of Petén burn;
Fifty fires rage and blackened trees
Burst into showers of sparks
Burning two firefighters alive.

Then quietly, like a thief in the night,
Smoke pours down from the mountains,
So stealthy it smothers the countryside
In thick, hot darkness.

When the sun rises over the hills
Its sad light
Peers at us from behind the trees,
Then disappears long before dark.

And in the valleys, the green corn stalks dry
Like stakes readied for an execution.
The living plants abandon
All hope of rain.

And the people smoulder
Under the sleeping volcano.
Their patience burns and exhausts itself
As they accuse three horsemen of stealing a mule.

The drought and fires fan their rage.
It spreads like wildfire through the dark town.
The people drag the three alive through the streets
And set them ablaze.

And the flames hurl their ashes
And shame over the town:
A new layer of soot

Las tinieblas en el Día de Pentecostés

Al norte la selva está combustiéndose
Cincuenta incendios rugiendo con rabia
Chispas amenazantes por todo el país,
Quemando dos compañeros luchando el fuego.

Desde las montañas el humo se derrama,
como un ladrón llegando por la noche
a su escondite, cubriendo todo el paisaje
en una alfombra espesa de oscuridad.

El sol sale de las colinas sombrías,
escudriñándonos detrás de los arboles,
dándonos una luz melancólica
y desaparece antes de su puesta.

En los campos la caña arideciéndose parece
un poste esperando una hoguera, (un acto de fe.)
La milpa verde muriéndose de sed
abandona toda esperanza de lluvia.

En el campo tres caballeros fueron acusados por
la gentuza de robar una mula. La corajina,
corriendo como un reguero de pólvora
los arrastró a la hoguera.

¿Se murieron por nuestros pecados o los suyos?
Sus cenizas lanzan una cortina de tizne
y verguenza sobre la ciudad, mezclándose
con las del volcán y el incendio forestal.

Mientras el volcán, abismándose y despabilándose,
bosteza, se despereza, y sofocándose con el humo, tose,
arrojando fuego y lava, aumenta el estrato
de hollín en la alfombra de oscuridad de la calle.

When under the mountain's glare
An ancient bus creeps
Hardly directed by its timid lights
Shrouded by its own exhaust and smoke.

The Bishop, who counted his sheep, knew their names,
Those missing, those murdered, and those disappeared,
Has come home. He knew too much.
A nameless assassin awaited his return.

And felled him with a paving block.
He lies bleeding. His blood can be washed away,
But not the stain,
Which only Justice can remove.

Like a fire in the dry underbrush
The people continue to smoulder.
Their burning patience may yet be exhausted
And the embers will burst into flames.

This Day of Pentecost there hangs a banner,
With The Cross and Flames
Descending from Heaven above the steps
Of the Church where a Maya Priest prepares a sacrifice.

He feeds the fire with slender
Canes, long and fragrant.
The smoke stretches forth from the clouds,
Its fingers imploring the Spirit for rain.

Within the Cathedral we celebrate
The Day of Pentecost. The Vicar reads the
Sacred text in resonant Greek. We respond
In Spanish and Quiche, and then in English.

Debajo, un autobús envejecido,
se arrastra por la calle, dirigido por
sus faros tímidos, amortajado en un
nublado de humo de su descarga propia.

El obispo que solía contar su rebaño sabe
quien ha desparecido. Fue acallado por un pedrejón.
Su grey grita con alarma, en vano.
El está durmiendo. Su sangre está aseada.

Pero solo justicia puede limpiar la mancha.
Como un fuego en la maleza secada
la gente sigue ardiendo sin llama;
su 'ardiente paciencia' está agotada[1].

El rescoldo se reventará en chamarascas.
Fuera de la cuidad Muerte monta su caballo [2]
amarillo. Cerca de la catedral hay una cruz
flanqueado por llamas, que caen del Cielo.

A los peldaños de la catedral
el sacerdote Maya prepara una gran nube
de humo, atizando el fuego con
caña esbelta, larga y olorosa.

Adentro, el párroco envía una nube de humo e incenso
al techo, ambas nubes alcanzan pidiendo ayuda.
Todo el mundo pide que El Espíritu Santo nos
derrame sus donos hoy en este Día de Pentecostes. [3]

Leo el texto de Los Hechos en quiche y español:
"Y daré prodigios arriba en el cielo y
señales abajo en la tierra,
sangre y fuego, y vapor de humo.
el sol se convertirá en tinieblas,
y la luna en sangre.

"I will shew wonders in Heaven above,
And signs in the earth beneath:
Blood and Fire and the Vapour of smoke.

The sun shall be turned into darkness
And the moon into blood,
Before that great and notable
Day of the Lord shall come. "

The Acts of the Apostles, II: 17-21

Y en los postreros día, dice Díos, derramaré
de mi Espíritu sobre todos carne
y vuestros hijos y vuestras hijas profetizarán;
vuestros jóvenes verán visiones,
y vuestros ancianos soñarán sueños."

Los Hechos de los Apostoles, II: 17-21.

Notas:

[1] *Antonio Skarmeta: (Ardiente Paciencia), El Cartero de Neruda*

[2] *San Juan el Teológico: (El apocalipsis o Revelación, VI: 1-8)*

[3] *Su Santidad Juan XXIII: 'Oh Espíritu Santo, derrama con plenitud tus donos. Renueva tus maravillas en nuestros días como un nuevo Pentecostés'. Cit: David E. Rosage, Habla Señor, Tu Siervo Eschucha.*

Quetzeltenango
31 de mayo de 1998

When I was a Puerto Rican

Cuando era puertorriqueña

The Road to Cayey, June 1940
(The Maiden with the Strawberries)

Up the road to Cayey
I raced my new blue Ford
Through the dust and steep turns
And stopped at a barricade
To put down the top.

That was when she danced out
From behind the roadmender's shack
In her spotless white dress.
She laughed and held up
A basket of bright red fruit.
"Fresas, fresas frescas,"
"Fresh strawberries," she sang.

She was so small
Her basket
Barely reached my window ledge.
Her child's face wrinkled
Into a thousand smiles
And berries stained her mouth.

But I declined
To buy her offering.
As I drove away
I watched that small, and lovely face
Streaked now with dust and tears
And still the bright red juice.

La doncella y las fresas

Fuimos ambos madrugadores hace
cincuenta años y nos encontramos en la vereda
mientras conducía mi descapotable
azul por las colinas verdes y polvorientas.

Escogí este sendero serpentino
esperando llegar temprano al campo
base de Cayey, pero el jíbaro viejo
me advirtió: "Disminuya la velocidad!"

Ella se asomó al hogar del Remendero
del Camino, cantando 'Fresas, fresas,'.
Corriendo al lado del sendero estrecho,
levantó una canasta de frutas zumosas.

Manejamos tan lentamente que ella
nos alcanzó, llamando 'Fresas frescas'.
Era tan pequeña que su cara casi llegó a la ventana.
Su cara, suplicándome que las comprara,

me miraba con alegría, su labios
escarlatados teñidos con huellas
de fresas jugosas. Ella sonreía con
la ilusión feliz de una venta fácil.

Yo pensé en detener mi deportivo
azul, adornado con tapacubos
brillantes ya cubiertos de polvo
para comprar sus fresas frescas.

Why didn't I stop to buy her berries?
Their sweet smell was delicious.
I wish I could taste them now.
I wish I could kiss her tears away.

Today 50 years later
Bulldozers have flattened
And planed the hill
And winding road.
A four lane freeway offers
No place to stop.

A statue honours the 'jíbaro'!
But the peasant families are now gone.
There is no trace of her smile.
The strawberries, the 'fresas'
No longer grow in this place.
I wonder what became of my car.
And I wonder what happened to her.

Why did I not stop a moment to buy her basket:
To savour the sweet juicy strawberries,
To share her joys and kiss her cheeks
Making her tears and sadness vanish for a while.

Pero yo tuve prisa y decidí que no.
Ella seguía caminando. Miré hacia atrás.
Su sonrisa se esfumó; echó a llorar,
manchándose sus mejillas con lágrimas vivas.

La colina y el sendero están desaparecidos
aplastados y allanados por la aplanadora
para la autopista. El jíbaro está desparecido.
No hay huellas de él ni de su familia.

Hoy me pregunto, ¿que pasó con mi coche?,
mi descapotable, con su promesa de felicidad
que a ella le había decepcionado
muchísimo llevándole solamente tristeza.

¿Está roto, herido, escondiéndose en
un terreno vacío, abandonado
y brotando herrumbre y mala hierba
esperando fundirse para chatarra?

Me pregunto, ¿que pasó con ella?
No hay ningunas huellas de sus fresas
que florecían en el terraplén,
ni de su sonrisa ni su alegría.

¿Por qué no me paré un rato
para comprar, para charlar, para secar
sus lagrimas y dar con su sonrisa otra vez,
y esparcir mi tristeza y la suya?

San Juan, Puerto Rico
8 de marzo de 1998

The Beautiful Puerto Rican Abandons San Juan

Supporting ourselves on the railing
Of the great steamship *Borinquen,*
We continue to gaze at a palm tree
As it slowly sinks below the horizon.

The breeze no longer brings the sweet odor
Of sugarcane and codfish. Suddenly, the ship
Belches black smoke darkening the sky.
Revolted, the passionate color flees

From her face and from the changing sky.
Now one sees an ill-tempered green, almost like
Ashes. Nauseous and sick, she goes below.

I am anxious about her; yet, never do I see
Again that maiden so beautiful and so sad.
Where is she? How does she fare today?

La bella borinqueña desconocida abandona San Juan

Apoyandános en la barandilla
del Borinquen, el gran buque de vapor,
miramos fijamente una palmera
debajo del horizonte hundiéndose.

La brisa no más lleva el dulce olor
de caña y bacalao. Súbito el barco
arroja humo oscureciendo el cielo,
dando asco. Se fue el apasionado color

el de su rostro y el del mar cambia.
Ahora se ve un verde malhumorado igual
a cenizas. Mareada y enferma, se desapareció.

Me inquieto mucho por ella. Aún no la encontraré
nunca. Nunca he visto una doncella
tan bella y triste. ¿Hoy donde y cómo está?

San Juan
25 de setiembre de 1997

Fajardo After 57 Years

'Ill fares the land to hastening ills aprey
Where wealth accumulates and men decay.' [1]

Nothing remains of your former grandeur
Except for the chimney standing silent
Like a ruined crusader's castle
Watching over the furnaces that have been shut down.

I remember when the chimney was
The sentinel of broad fields of sugar cane.
They have all gone: the great plantations
And the jíbaros staunch and silent.

All the fields have been ripped up.
The jíbaros have gone to New York.
Uprooted and exploited, they toil on endlessly.

The tourist has replaced the jíbaro.
The casino has replaced the sugar central.
'The country blooms, a garden and a grave.'

---

[1] Oliver Goldsmith, *The Deserted Village.*

Fajardo después de 57 años

> *"Ill fares the land to hastening ills aprey*
> *Where wealth accumulates and men decay."*[1]

Nada queda de su antigua grandeza
salvo la chimenea callada igual
que un castillo arruinado de un cruzado
vigilando una apagada central.

Recuerdo cuando la chimenea era la centinela
de anchos campos de alta caña de azúcar.
Se fueron todos: el gran cañaveral,
y los jíbaros acérrimos y callados.

Todos los campos han sido rasgados.
Los jíbaros se fueron a Nueva York.
Desarraigados, y explotados se afanan.

El turista ha reemplazado el jíbaro.
El casino desalojó el cañaveral.
*"Florece el país: un jardín y una tumba."**

---

[1] Oliver Goldsmith, *The Deserted Village*
Esta es mi traducción del inglés original

San Juan
25 de setiembre de 1997

The Statue of the 'Jibaro'

He stands apart separated from his country place
By the expressway, a heroic figure frozen
In marble. Engraved in bronze are brave words
An encomium by Luis Muñoz Marín.

Half a century ago we were all Muñocistas,
Passionate followers of Muñoz. We believed in
Agrarian reform, in the 500 acre decrees
And in operation Bootstrap.

The statue does not reflect the 'jíbaro'
That I used to know, a man not of marble
But of strong mahogany, caring and patient.

The jíbaro of today is uprooted and
Transformed into marble. The stirring words of
Muñoz Marín now sound ironic.

La estatua del jíbaro

Se para apartado de su heredad
por la autopista, una figura heróica
congelado en mármol. Grabado en bronce
hay un encomio por Luis Muñoz Marín.

Hace medio siglo fuimos todos
muñocistas. Creíamos en la reforma
agraria, en los decretos de quinientos
acres y en la operación Bootstrap.

La estatua no refleja el jíbaro que
yo conocía, un hombre no de mármol,
sino de caoba fuerte, cariñoso y paciente.

El jíbaro está hoy arrancado y
transformado en mármol. Las palabras
de Muñoz Marín suenan irónicas.

San Juan,
25 de setiembre de 1997

Many Look but Very Few See

I paused to look out at the passionate blue sea
And hesitated before entering the exhibition.
Fifty years ago it was my bedroom,
Where I once slept, made love and dreamt dreams.

Here Sir Francis Drake abandoned this rich port
Fleeing the valour and the cannons of the Spaniards.
Tormented by the Furies I too fled leaving behind,
The awful wrath of my mother-in-law.

Within the museum I was shaken by a picture.
It was as though the busy hands of the artist
Have brought my nemesis back to life.

Almost alive she looks and screams silently
Without seeing a couple on the beach, whose passion spent,
Have become figures of sand cast up by the tide.

Todos miran, pocos ven

Vacilé antes de entrar a la exhibición
que era hace cincuenta años mi recámara
donde dormí, hice el amor y soñé.
Miré el mar de azul apasionado.

Aquí Drake abandonó al puerto rico
huyendo el valor (y el cañon) español.
Atormentado por la ira de mi suegra huí,
dejándome olvidada su rabia.

Dentro del museo me asombró un cuadro.
Es como si las manos ocupadas del
artista a mi suegra hubiesen reanimado.

Casi viva mira y chilla sin ver
una pareja en la playa, agotada su pasión
se vuelve en arena arrojada por la marea.

San Juan
25 de setiembe de 1997

After Fifty-seven Years I Return to the Río Piedras Campus of UPR

The majestic palm tree, that tall sentinel,
Keeps vigil over this atoll of peace,
This river of tranquility that has
For its name, Río Piedras.

Into this paradise comes a loudspeaker,
Which is mounted upon a pale truck
Chanting the hate of a thousand years,
Crying that the skies are going to fall,

If the telephone is privatized by the government.
Like Death on a proud tower
The statue of Unamuno looks fiercely down.

In Salamanca he once learned that there is
More danger in passion unbridled
By reason than in privatization.

Después de 57 años vuelvo al recinto de Río Piedras de UPR

Las centinelas altas, unas palmeras
majestuosas, siguen vigilando este atolón
de la paz, este Río de tranquilidad
que tiene por nombre Río Piedras.

En este paraíso llegó un altavoz
montado en un camión amarillo
cantando el odio de todos los siglos
con voz clamando que el cielo iría a caer,

si el teléfono fuese privatizado por el gobierno.
De su torre soberbia, igual que la muerte,
la estatua de Unamuno miró ferozmente.

En Salamanca él aprendió que había más
peligro en tanta pasión no templada
por razón, que en privatización.

San Juan
25 de setiembre de 1997

The New York Puerto Rico Line: the 'SS Borinquen' Leaves the Atlantic Ocean

The great steamship burst onto the
Caribbean, a sea of azure,
A celestial blue never seen before,
Leaving behind the cloying green of the Atlantic.

Fleeing from the frigid blocks of New York City
We abandoned ourselves to pleasures
Of the flesh, sea breezes and ocean spray.
To our bed and to the captain's table we fled

From that city without air, without life, without hope.
In the morning we anchored in the rich port
Of San Juan, greeted by sky rockets and military bands.

Amongst that sea of joyful, welcoming faces, there was
An unhappy moon pouting. I had not seen her before but I
Knew it was my mother-in-law,
A volcano planning her next explosion.

El gran buque de vapor: 'SS Borinquen' apartándonos del Océano Atlántico

Estalló el gran buque de vapor
en un mar celestial nunca visto antes
transitando al mar Caribe azul
del verde empalagoso del Atlántico.

Nos abandonamos a los placeres
de la carne y la brisa y la espuma;
de la cama y la comida, y huimos
los bloques frígidos de Nueva York.

Esta ciudad sin aire, sin vida, sin esperanza.
Por la mañana anclamos en el puerto rico
de San Juan, los cohetes y las bandas dándonos la bienvenida.

En el muchedumbre feliz había una cara,
de una luna infeliz, haciendo pucheros. Reconocí mi suegra
un volcán planeando su próxima explosión.

San Juan Puerto Rico,
11 de noviembre de 1997

In the Good Struggle

En la lucha buena

Death and the Maiden

Back then appeared upon the horizon
A pale horse, sweeping down from the mountain
Like an avalanche upon the peaceful plain.
He, who mounted that dread steed, bore the name of Death.

Today behold a young maiden, her clothes
Whitened like the light, looking
Like a melancholy angel; melancholy because
She has lost a wing.

Her frightened gaze penetrates my soul.
Are you worried that the spring has withered?
Or that there are no fathers left in this town today?

Little girl! Do you hear the sound of distant hoof beats?
What horseman is coming to rescue you?
A Knight in shining armor or Death on a pale horse?

'La muerte y la doncella' [1]

Un caballo despiadado asomó
como un derrumbe de la montaña
cayendo sobre el plano tranquilo. El
"¡que lo montaba tenía por nombre Muerte!" [2]

He aquí una doncella hoy y sus vestidos
se hicieron blancos como la luz.
Parece una angelita melancólica
porque una ala se perdió.

Su cara aspaventada penetrándome está.
¿Le molesta que ha secado el manantiel?
¿O que no quedan ningunos padres aquí hoy?

¡Niña! ¿Oyes las pezuñas en la lontanaza?
¿Que jinete te rescatará?
¿El caballero andante o la Muerte?

Notas:
[1] El título 'La Muerte y la Doncella' se derive del grabado de
Albrecht Duehrer, la sonata de Franz Schubert y el drama de Ariel
Dorfman, que se preocupa del mismo tema.
[2] El Apocalipsis o Revelación de San Juan, El Teólogo, VI: 8.

Middlebury College, VT
5 de julio de 1997

A Modern Antigone: Jenifer Harbury

Jenifer Harbury, whom I encountered in Guatemala City during her hunger strike, is the widow of a Guatemalan warrior, assassinated by an agent of the CIA. After heroic efforts, she overcame the resistance of the governments of the United States and Guatemala and learned the truth of the murder of her husband. She is one of the women whose actions have effected changes in the policies of the United States and Guatemala, and perhaps of history.

She is reclining in the plaza in the capital
In her coat of many colors.
Her couch is surrounded by white lilies.
Radiant and pale, she resembles a flower.

Her hunger is directing her with animation,
Conquering her fragility
And leading her troops aided
Only by her effort and spirit.

The civil guard cradles his machine gun
As he plays with the trigger guard.
He does not know that he has been defeated by her.

Like Antigone[1] she has triumphed
Over Creon with his lies and his brute strength,
And gained the right to honor the dead.

---

[1] **Antigone** is the daughter of Oedipus the King of Thebes. Antigone had two brothers, Eteocles and Polyneices. After Oedipus blinded himself, he was expelled from Thebes. His sons, Eteocles and Polyneices, the brothers of Antigone, killed one another in a fratricidal war, as has been told by Aeschylus. Creon, the regent of Thebes refused to bury Polyneices, leaving him in the sun for the dogs and the buzzards. Antigone defied this order and sacrificed her life so that her brother could be buried with honors.

Una Antígona moderna: Jenifer Harbury

Jenifer Harbury, a quien encontré en Guatemala durante su huelga de hambre, es la viuda de un guerrillero guatemalteco, asesinado por un agente de la CIA. Después de su esfuerzo heróico, ella venció la resistencia de los gobiernos de los Estados Unidos y Guatemala y aprendió la verdad del asesinato de su marido. Ella es una de las mujeres que ha efectado cambios en la política de los Estados Unidos y Guatemala y quizás de la historia.

Se recuesta en la plaza de la capital
con su chaqueta de muchos colores y
su cama rodeada por lirios blancos;
clara y pálida se parece a una flor.

Su hambre le dirige con animación
venciendo a su fragilidad
y conduciendo a su tropa auxiliada
sólo por su esfuerzo y espíritu.

El guardia civil acuna su ametralladora
mientras juega con el disparador.
No sabe que ya está derrotado por ella.

Como Antígona ella ha triunfado
sobre las mentiras y fuerza de Creonte.
Ganó el derecho de laurear a los muertos.

---

[1] Antígona es la hija del Rey, Edipo. Antígona tenía dos hermanos, Etéocles y Polinices. Después de que Edipo se cegó, fue expulsado de Tebas. Sus hijos, Etéocles y Polinices, hermanos de Antígona, se mataron en una guerra fratricida, según escribió Esquilo. Creonte, el virrey de Tebas, negó a enterrar a Polinices, dejándolo en el sol para los perros y los buitres. Antígona desafió este orden y sacrificó su vida para laurear a su hermano.

Chichicastenango
7 de marzo de 1997

The Half-naked Young Slave Girl

She wanders down the serpentine path
Carrying on her head a trayful of rum
Brought in a tulip-shaped glass
That matches the curvature of her hips.

Her master is hanging in a hammock
Waiting for her whilst smoking a long pipe of clay.
His pipe is a parabola just like his hammock
And her succulent breasts.

His fickle smile curves
Whilst he hopes that his every desire
Be fulfilled by this young slave girl.

Insufferable is your presumptuous smile!
In the life to come you will be weighed and found wanting.
Condemned by her you shall be her slave.

La joven esclava desnuda en Surinam

Por el sendero serpenteando deambula
sobre su cabeza una bandeja de ron
llevado en una copa de tulipán
que empareja la curva de sus caderas.

El la espera colgándose en una hamaca
y fumando una pipa larga de arcilla.
Su pipa es una parábola igual
a su hamaca y sus pechos suculentos.

Su sonrisa pulida se encorva
mientras que él espera que cada deseo
sea satisfecho por su joven esclava.

¡Insoportable es su sonrisa presumida!
Será sopesado en la vida que viene y
condenado por ella a ser su esclavo.

Coral Bay
21 de setiembre de 1997

The Serving Maid

Who could she be startling me
When she showed up in the doorway;
A butterfly blown in from the sea
Driven by a sudden squall.

Her white blouse grasps the sunlight
Reflecting the flowers of blue and scarlet
From the garden of bougainvillea and hibiscus.
Seeing me so frightened she bursts out laughing.

Can she be a princess in disguise
Condemned to be my servant?
Did she give offense to some ancient Mayan God?

Why is she laughing at me? Does she know
That tomorrow she will come to herself and be a
Princess? And make of me her humble slave?

La criada

¿Quién será? Asomándose en el portal
me asombró, como una mariposa
llevada de repente sobre la mar
empujada por una tormenta.

Su blusa blanca cogió la luz del sol
reflejando una flor de azur y grana
del jardín de bougainvillea y amapola
viéndome asustado se echó a reir.

¿Será una princesa condenada a ser
mi criada? ¿Dio una ofensa a un Diós Maya
en aquel entonces? ¿Por qué se rie de mi?

¿Es posible que sepa que mañana
volverá en sí, y una princesa será?
¿Y a mí me haga su esclavo humilde?

Cancún
14 de febrero de 1997

The Hot Springs

The oily blue smoke of the traffic
Is swirling about and suffocating
Our spirits in a sickening fashion.
The stain of the city seeps into every pore,

Steeping our souls in sin.
We fled from a village where the ashes
Of some robbers still continued to smolder.
Longing for fresh air we finally reached the hot springs.

Shedding our clothes every which way we slipped
Into the hot waters. The steam rose up the cliff
And condensing, fell back in bitter tear drops

From the great ferns that were weeping for the city.
The tears melted away all our troubles, and
Our sins washed away we returned to ourselves once again.

Las georginas

El azul aceitoso del tráfico está
arremolinando y sofocando a
nuestros espíritus dándonos asco.
La mancha de la ciudad atascó cada poro,

remojando nuestras almas en pecado.
Huimos de una aldea donde las cenizas
de tres ladrones siguen hechando humo.
Ansiando aire fresco alcanzamos Las Georginas.

Esparciéndonos la ropa nos deslizamos
en las aguas calientes. Surgió el vapor
al acantilado cayéndose en lagrimas vivas

de los helechos llorando por la ciudad.
Las lagrimas derritieron nuestra inquietud.
Aislado de pecado una vez más volvimos a ser.

Xela, Guatemala
8 de marzo de 1998

The Peacemaker

Blessed are the peacemakers for they shall be called children of God. St. Matthew V:9

She is seated in view of all the world
On her portable camp stool
Surrounded by a great forest
Of pine and also of rude cabins.

The locks of her jet black hair
Tumble down over her machine gun
Brightly glancing in the sun
Beneath her Blue Beret, symbol of peace.

Round about her flows a sea
Of refugees, children of darkness.
She will being them forth into the light.

Above her head the sun is shining.
A ray of sunshine dances upon her face,
Reflecting the hope of Peace.

La pacificadora

'Bienaventurados los Pacificadores porque ellos serán
llamados hijos de Dios.'
Santo Evangelio de San Mateo V:9

Ella en plena vista de todo el mundo
sentada en su silla portátil está
rodeada por un gran soto de pino
y hecho de pino rudo un gran cabañal.

Sus cabellos se derrumban sobre
su ametralladora brillando en el sol,
negros como el azabache debajo
del símbolo de la paz, la boina azul.

Alrededor de ella fluya un mar
de refugiados, hijos de las tinieblas.
Los llevará de las tinieblas a la Luz.

Más arriba de su cabeza el sol
brilla. Un rayo baila sobre su cara,
reflejando la esperanza de la Paz.

Centro de Relocación
El Quiche
21 de marzo de 1997

The Medical Mission

La misíon médica

The Doctor

At five thirty in the morning
He arises preparing himself
To make his daily rounds.
Making haste slowly he enters my room.

He examines my chest attentively
Like a fox listening for danger.
He gives gentle thumps to my chest,
Like a winemaster tapping a cask.

He departs leaving me to hope.
Only a great artist like El Greco
Could capture his ascetic dedication

It appears to me that I am going to survive:
A brand plucked from the burning.
But how many times and to what purpose?

El médico

A las cinco y media de la mañana
para prepararse se levantó.
Pronto estaría haciendo sus visitas.
Dándose prisa lentamente entró.

Mi pecho atentamente examinó
como un zorro percibiendo peligro:
Dio golpes suaves a mi pecho, como
toca el maestro vinador al tonel.

Se marchó dejándome a esperar:
Le hace falta un artista, El Greco
que capte su ascética dedicación.

Me parece: iré a sobrevivir.
Como la leña recogida del infierno.
¿Pero cuántas veces y para qué?

Misión médica de Santa Ana
Chichicastenango
15 de octubre de 1996

Who Can it Be?

Who might she be appearing in the doorway?
Wafted by the chill wind down from the
Mountain tops a thousand years old,
For a moment she stands immobile.

A frosty snowflake sparkles
Like a star lighting up a lock of hair.
But sensing her warmth it melts.
Who can she be? A heavenly spirit?

Does she bring a new snowstorm or Good News?
She speaks and her frozen breath
Forms a wreath about her face.

She is a Cuban, an emissary of health:
A dentist with the icy precision of the North
and the burning compassion of the South.

¿Quién será?

¿Quién será? Asomándose en el portal
llevada por el viento gélido
de la cumbre de las montañas ancianas,
por un momento ella quedó inmobil.

Un copo de nieve frío centelló,
como una estrella alumbrando sus cabellos,
sintiendo su fervor se derritió.
¿Quién será? ¿Un espíritu celeste?

¿Una ventisca o buenas noticias traerá?
Habla y su aliento congelado forma
cerca a su cara una auréola espiral.

¡Una cubana! emisaria de salud;
una dentista con la precisión fría
del norte y la compasión ardiente del sur.

Misión Dental de Santa Ana
13 de enero de 1997

The Judgment of Paris

Her jet black locks curling around
Amidst the clouds of incense rising
Over the lily-carpeted steps, she departs
From the temple of the goddess of health.

A priestess and her handmaidens, these three
Goddess are equally lovely.
Like wide eyed gazelles they look at me
Frightened at being discovered in their strife.

Quarreling as to who is the fairest one of all
They approach me to judge who is the most beautiful.
But I remember Paris, that rash prince of Troy,

Who, by choosing Aphrodite, provoked the Trojan War.
To the malevolent, Goddess of Strife, Eris,
I return the golden apple of Discord, and leave.

El autor, en fermera, y dos colegas Maya Quiche

El párroco Maya Quiche Espiscopal

La doncella y la leña

La muerte y la doncella

Otra doncella

Una Antígona moderna: Jenifer Harbury

Los peldaños de las catedral

Los peldaños de las catedral en Chichicastenango

El juicio de París

Con su greña azabachada, rizándose
con el humo del incenso ella salió
por las peldañas tapizadas de lirios
del templo de la diosa de salud,

una sacerdotisa con doncellas;
Tres diosas de belleza igual. Como
gacelas me ven, asustadas por
la interrupción de esta lucha: ¿quién es la mejor?

Las diosas se me avecinan y me piden:
entre Hera, Afrodite y Atena escoger
entre ellas '¿cuál es la más hermosa?'

Pensé en Paris y su juicio fatal.
¡y a la mala diosa de discordia Eris
a Ella la manzana de oro devolví!

Chichicastenango
1 de marzo de 1997

Yoga: The Opium of the East

We are lying in the shadow
Scarcely pierced by the subtle light of the lamp.
Her black hair curling falls
Like crows wings over the incense.

The oily smoke of the lamp
Surges in a spiral rapidly toward heaven,
Whilst the meandering sweet incense
Floats till it encounters the vile smoke.

The two columns arrive to coil around one another
Forced by the roof to reunite.
On the floor below all our joints are burning.

Separated our souls float free.
Would that they would unite and we become soulmates
Leaving behind all our pains and desires.

Opio del este: yoga

Nos posamos en la sombra apenas
rota por la luz sutil del candil
negros cabellos rizados se caen
como alas de cuervos sobre el incenso.

El humo aceitoso de la lámpara
surge rápido al cielo en espiral
mientras que el vago incenso dulce flota
hasta que encuentra el humo vil.

Dos columnas llegan a enroscarse
forzadas por el techo a reunir.
Abajo cada articulación arde.

Separada mi alma flota.
Que surjan nuestras almas gemelas
dejando atrás los deseos y el dolor.

La misión dental
Chichicastenango
18 de marzo de 1997

The Doctor's Dilemma

Yesterday my muse was playing
Healer and laundress, lightening
The anguish of my soul and body
Wracked by pain.

The gusts of wind blew out the white sheets
And her black hair creating a banner
Of a pirate queen sailing on her black frigate
Captain of her destiny and mine.

Today her raven tresses have fallen
Limply on the white pillow, her face
Is scarlet not from the wind but from a raging fever.

I bring her medicine and iced tea
And pray for her recovery. But not too soon;
For if she's sick, she'll have to stay.

El dilema del médico

Estaba haciendo el papel mi musa
de curandera y lavandera ayer,
alentando la angustia de mi alma y
mi cuerpo desarreglado por dolor.

Sopló el viento las sábanas blancas
y sus cabellos como una blasón
de una reina de pirates en su barco,
la capitán de su destino y del mió.

Hoy su cabello azabachado se cae
sobre la almohada blanca y su cara
enrojecida no por el sol,

Sino por una fiebre que yo le cuido.
Rezo y le llevo medicina y té.
Si siguiese enferma, se quedaría conmigo.

Misión dental de Santa Ana
Chichichicastenango
7 de marzo de 1997

Aurora Blushes

Reclining in my sick bed cushioned by
Pillows to ease my breaths
I listened to a sermon by John Paul II
Whilst waiting for rosy fingered dawn.

I watched a young student hastening to school.
Though snowdrifts blocked his path,
He tore off like a soul carried by the devil.
His breath like a cloud to the heavens rose.

Dawn pushed her rosy fingers
Through the window heavy ladened
With frost, casting its shadows on the walls.

The light of dawn and the Pope's words offer hope.
But his sermon fades away.
His batteries and mine are running down.

El amanecer sonrosado

En mi cama me recostaba apoyado
por mi almohada para respirar
escuchando un sermón grabado del Papa
y esperando el roseado amanecer.

Miré un alumno yéndose a la escuela.
Aunque la nieve su pista bloqueó,
dio prisa como alma que lleva el diablo,
su aliento, una nube, al cielo subió.

Roseados dedos del amanecer
empujan por la ventana cubierta
de escarcha que lanza una sombra en la pared.

¡La voz del Papa me ofreció esperanza!
Pero su sermón se desvaneció.
Su pila y la mía se van desgastando.

Sherwood Forest
3 de enero de 1997

The Bad Samaritan

Supported by a tree he sits
In a corner of the market place.
He is shaking like a leaf
Withering away in the chill wind.

He waves a bottle of rum
Like a banner. He sips greedily
Spilling precious drops and singing:
'Stand up, stand up for Jesus!'

His mouth emits the sweet smell of
Death and rum, as he opens it
To disdain my offer of assistance.

Then I play the part of the pharisee
And cross the street. I leave him singing:
"Saviour, please don't pass me by."

El mal samaritano

Apoyado por un árbol el se sienta
en una esquina del mercado;
temblando como una hoja
marchitándose en el viento frío.

Agitando su botella de ron
como una bandera. Derramando gotas
preciosas, chupa codiciosamente,
cantando 'Luchad, luchad por Jesús.'

Emitiendo el olor dulce de la muerte
y del aguardiente de su boca, la abre
para desdeñar mi oferta de ayuda.

Y del fariseo yo hago el papel, y
cruzo la calle. Lo dejo, cantando
"¡No me pases por alto, Salvador!"

Misión de la salud pública de Santa Ana
Chichicastenango
21 de marzo de 1997

Of Love and Other Demons

Del amor y otros demonios

María Elena

Parting is such sweet sorrow[1]

Bittersweet farewell and so much loving pain.
I fear I may never see your sweet face.
For you are going away to Israel, to the Holy Land
Leaving me to seek for Christ.

Leaving behind your sad and weeping lover.
I sit here in Chichicastenango watching
Lovers stroll by in their brilliant colors,
Colors that reflect both the sun and their love

Of happy couples walking around,
Breathing in the sweet smell of incense.
I'm departing Chichi leaving my colleagues behind.

Alone I remain in sadness
Because María Elena is traveling afar;
Far from my arms that are yearning for love.

---

[1]Wm Shakespeare: Romeo and Juliet.

María Elena

Agridulce despedida y mucho dolor
tan amable, que temo ver tu cara
quizás nunca más. Porque vas a Israel
dejándome para buscar a Cristo.

Tu amante melancólico llora.
Me siento en Chichicastenango mirando
amantes paseando en brillante color,
Color que el sol y amor reflejan

De las parejas felices andan,
respirando incenso con dulce olor.
Salgo Chichi, mis colegas dejando.

Quedo solo con tristeza y dolor.
Por que María Elena está viajando
muy lejos de mis brazos que faltan amor.

Chichicastenango
11 de noviembre de 1996

Desire

There stands the volcano under a cloud
Of vapor floating without seeming purpose,
Within which the heart beats and
The red blood boils like lava.

Beneath the lamp giving forth heat,
Brilliant light, and oily smoke the wood-
fretter moth, repelled, keeps coming back,
Until it falls to the ground with scorched wings.

Under the sun, seeking fruit and warmth
Floating in the breeze the yellow butterfly
Would also like to find love.

Like the volcano I am burning.
Like the butterfly I am floating in the breeze.
Like the moth I am losing my wings.

El deseo

Debajo de la nube de vapor que va
flotando sin propósito está puesto el volcán.
Dentro del volcán late el corazón,
donde la sangre roja hierve como lava.

Bajo la lámpara dando calor
y luz brillante y humo de aceite
vuelve rebatiendo un comején,
cae al suelo con las alas chamuscadas

Bajo el sol buscando fruta y calor
flotando en la brisa la mariposa
amarilla desearía el amor.

Como el volcán quemo con amor.
Como la mariposa floto en el viento.
Como un comején mis alas perderé.

Sherwood Forest
10 de enero de 1997

I Like You When You're Quiet

I love you when you are silent,
Separating your lips and smiling almost
Like La Gioconda! What do you mean?
Yes, yes? or is it no? or possibly perhaps?

I would love you were you to send me a leaf,
A love letter that did not say a lot.
I love you when you are turning your back
On me and not letting me twist your elbow.

I would love you more if you did not spare me
The lightning of your eyes but instead would say:
'Yes, yes, yes,' like Molly Bloom.

And if you do not keep on keeping quiet
I would love you even more and we would be
Soul mates in the life to come.

'Me gustas cuando callas' [1]

¡Te quiero cuando callas, separando,
tus labios y sonriendo casi igual
a la Gioconda! ¿Que quieres decir?
¿Sí, sí? o ¡no! o posiblemente ¿quizas?

Te querría, si una hoja me escribieses,
una carta dulce que dice poco.
Te quiero cuando tú estás volviéndome
la espalda no dándome el codo para torcer.

Te querría más si no me apartaras el
relámpago de tus ojos pero en vez
dijeras '¡Sí, sí, sí!' igual que Molly Bloom.

Y si no siguieses callándote,
te querría más y seríamos almas
gemelas en la vida que viene.

---

[1] Pablo Neruda: *Veinte poemas de amor y una canción desesperada.*

Sherwood Forest
12 de octubre de 1996

'La belle dame sans merci' [1]

I looked for you today in Placid Street.
You are not there. There remains no trace of you.
And silence falls like a dense cloud
From the far distant volcano darkening everything.

In the streets there are no shouts of happiness
From children; and the house is now
Abandoned. Like your smile
The hibiscus from your hair has faded.

In the marketplace I wander alone,
Like a solitary cloud that
Will never find its rest.

The green leaf is dried by the sere wind
That blows. Withered it is carried away.
'And no birds sing.'[1]

---

[1] John Keats:
   La Belle Dame sans Merci

La belle dame sans merci'

Te busqué hoy en la calle plácida;
no estás; no queda nada de tus rastros.
y silencio cayó como un nublado,
del lejano volcán oscureciendo todo.

En la calle no hay gritos de alegría
de los niños; y la casa ya está
desamparada; como tu sonrisa
la amapola en tus cabellos desvaneció.

En el mercado deambulo a solas,
como una nube solitaria que
nunca su descanso encontrará.

La hoja verde el viento marchitó
y ahora sopla y se la lleva.
No más los pájaros cantarán.

San Juan, P.R.
noviembre de 1996

Blood and Sand

They met by chance in the Paradise Bar,
And went off to the beach to swim
Stark naked. Intoxicated by the sea
And the rum, they made love and slept.

But not alone. With his pistol drawn a vile
Fellow and his accomplice sat watching.
Face upwards she dreamt of love. The rascal
Entered her easily. They came together.

She was overtaken by orgasm, when a shot wakened her.
Falling into awareness of the assault
And rape, her voice and soul cried out 'No!'

But the thirsty sand drank up the blood of her
Body, greedily taking in new life,
Whilst hers was pouring out.

La arena y la sangre

Se encontraron en el Bar Paraíso.
Fueron a la playa para nadar
desnudos, y les intoxicó el ron
{y el mar.} Hicieron el amor y durmieron.

¡Pero no solos! Con su pistola en mano
un malvado con su complice miraba. Boca arriba
ella soñaba con el amor. El malvado la entró
facilmente. Se juntaron. Un tiro la despertó.

Pero su orgasmo a ella le arrebató.
cayendo en cuenta de la matanza y
la violación, su voz y alma gritaban ¡No!

La arena con apetencia bebía la sangre
de su cuerpo que codiciosamente le chupaba
mientras su vida se derramaba.

Cancún
El siete de marzo de 1997

Flight to a Funeral

Leaving behind my fiance, I flew
To the funeral of my brother-in-law. Falling asleep
I dreamt that I had fallen from the airplane
In a toboggan passing everything in a streak.

Terrified I awoke suddenly afraid of dying.
My heart beat rapidly, as a drum
Sounding retreat, irregular as fireworks
On the Fourth of July.

I look for my sweetheart; but she is not there.
Is it a heart attack? Should I ask someone
To call the flight attendant?

No! I do not wish her icy company.
I will take my chances walking alone with God.
One way or another I shall get to a funeral.

Un vuelo a una vela

Abandonando a mi novia vuelo a los
funebres de mi hermano. Soñé:
me caí del avión en un tobogán
que pasó otros como un rayo.

Aterrorizado me desperté
de repente, mi corazón latiendo
¡rápido! como un tambor militar.
Se vuelve irregular, como petardos.

Busco a mi novia, pero no está.
¿Debo pedir a mi vecina que me
llame la azafeta? Decido ¡No!

No quiero molestar las congeladas.
Prefiero andar en la niebla con Dios.
De una u otra manera llego a una vela.

Nueva York
3 de enero de 1997

The Countess on the Beach

Into the mountainous waves she went
And came forth like Venus rising from the foam,
Spray spouting from her cherry red mouth.
A wave crashing upon the white beach.

That morning we had visited the Oba[1] and
Compared our vision of Nigeria
With his ancient vision of Benin.
His slave served us warm lemon squash.

We walked, ate and swam.
We looked at the rusty chains on the beach
Left behind by some blackhearted slaver.

Sylvia[2] white and lithe of limb
With blackness in her heart, tossed me like
A slave or smoked herring into the back of her VW.

Notes: [1] The Oba was the former emperor of the realm of Benin.
    [2] Sylvia was a medical missionary, also a German Countess
working in Nigeria before the civil war.

La condesa en la playa

En las olas montañosas azules
fue, y en la espuma como Venus salió.
El rocio de su boca roja chorreó.
La ola se estrelló en la playa blanca.

Por la mañana visitamos al Oba.[1]
Discutimos de Nigeria la visión
nuestra y su antigua visión de Benín.
Sirvió tibio zumo de limón el esclavo.

Después de andar, comer y nadar
Miramos rojizas cadenas quitadas
por un negrero malvado.

Después Sylvia[2] blanca y lisa de miembros
me empaquetó con negrura en su corazón
como un esclavo o ahumado en su VW.

Notas:
[1] El oba era el antiguo imperador del reino de Benín.
[2] Sylvia era una misionera médica y también una condesa
alemana en Nigeria antes de la guerra civil.

Chichicastenango
8 de marzo de 1997

Why Doth The Gardener Rage?

Today the crystal pool is deserted.
There are no naked nymphs worshipping the sun,
Their limbs lissome with bright oil.
The wind no longer whispers sweet and soft nothings.

The gardener is lashed by the downpour.
Drops of rain flow from his beard.
His hair is twisted and
His clothes are torn to tatters by the gusts.

Undaunted he stands in a puddle with his broom.
He defies the torrents in vain, and
Sweeps the water eddying round him.

A Neptune brandishing his trident
At the rebellious waves
That have deprived him of his nymphs.

El jardinero se enoja

Hoy nuestra piscina está desertada.
No hay ninfas en cueros rezando al sol,
sus miembros lisos brillando con aceite.
El viento ya no susurra suavemente.

El jardinero por el chaparrón
está golpeado. Gotas de lluvia fluyen
de su barba. Su pelo está torcido y su
ropa está rasgada por el vendeval.

De pie impavido en un charco está,
con su escopa desafía el torrente y
barre el agua que se arremolina.

Un Neptuno, blandiendo su tridente a
grandes olas rebeldes,
las que le han privado de su ninfas.

Cancún
22 de febrero de 1997

The Spirit of the Maya Center
of Xela, Vilma Choc

She leans forward to consult her notes,
Speaking in a voice rapid and clear,
Persuasive as a zephyr,
Soothing her restless audience.

Suddenly there sounds like a tinkling bell
Her happy laughter, warning that the eye
Of this young brunette will pierce the heart
Of the unwary student, making him a slave.

Like an elfin sprite preparing a banquet
For them she hovers over the ambrosia
And darts off like a hummingbird looking for nectar.

She brings to the open-minded student
The solid wisdom of the Mayas
And the restless energy of the volcano.

El espíritu del Centro Maya
de Xela, Vilma Choc

Se inclina hacia adelante para consultar
su bosquejo, hablando en una voz clara y
rápida, persuasiva igual a un céfaro,
cuneando su inquieto auditorio.

De repente suena como un cascabel
su risa alegre avisando que el ojo
de esta morena clavará el corazón
del no precavido, haciéndolo un esclavo.

Como un duende prepara un banquete para
ellos y vuela flotando sobre la ambrosia y
se lanza buscando nectar como un colibrí.

Ella lleva al estudiante imparcial
la sabiduría maciza de los maya
y la energía inquieta del volcán.

Xela Guatemala
La noche de las brujas 1997

'St. Agnes Eve' [1]

We ran into one another by sheer accident
Fleeing the bitter cold outside.
Inside the ghostly supermarket
Under the blue lights, pale and cold we met.

She looked at me ferociously, when,
Like knights in clashing armor, our carts
Crashed into another spilling jellies
And dried fruit hither and yon.

We left together piling all our delicacies
Into the front of the toboggan and climbed up the hill.
Going down we flew like the wind.

Falling into a deep snow drift,
We snuggled together
And kept warm for a very long time.

---

[1] 'St. Agnes Eve--Ah, bitter chill it was'....
'Upon St. Agnes Eve, young virgins might have visions of delight.'
    John Keats, *The Eve of St. Agnes*

Las vísperas de Santa Agnes

Nos encontramos por casualidad
en vísperas de Santa Agnes huyendo el
frío amargo fuera del supermercado
codeándonos bajo la luz azul.

Y ferozmente ella me miró,
como caballeros haciendo armas
cuando su carro conmigo chocó,
derramando frutas almíbares.

Salimos amontonando comestibles
en el delantero del tobogán;
subimos para llegar a la colina.

Volamos como el viento y se cayó
todo en un valle de nieve profundo y
quedamos juntos calientes allá.

Rockville, Md
diciembre de 1996

'To Build a Fire'[1]

I am floating like an iceberg
Frozen to the core like the explorer,
Looking for gold he has crossed the implacable ice
Which breaks plunging him into the glacial Yukon.

In order to survive he must light a fire.
His benumbed fingers clutch a handful
Of matches which throw out sparks. But the snow
Melting, falls on the fire and snuffs it out.

A maiden enchanted me and
Turned my heart to ice, like hers.
I yearned for a fire that would melt us both.

She dissolved into tears that fell burning
Onto the fire and put it out.
Once again we became like ice.

---

[1] Jack London

La hoguera fracasada

Yo floto como un témpano de hielo,
congelado igual al explorador
buscando oro atrevesó hielo implacable
que rompió y se cayó en el Yukon glacial.

Para vivir tuvo que encender un
fuego. La mano entumecida asía
el fósforo que echó chispa. La nieve
derritiéndose al fuego apagó.

¡Una doncella me encanta y vuelve en
hielo como el suyo a mi corazón.
Anhelo un fuego que nos derrita.

Se nos deshace en lagrimas que caen,
mojadas y ardiendo extinguen el fuego.
Volvemos a congelarnos otra vez.

Sherwood Forest
5 de febrero de 1997

Big Sur Hot Springs

Shivering we entered the warm springs
And broke the silver moon's reflection
On the water as it
Disintegrated into the steam.

Irresistible was the lascivious warmth
From the perfumed depths of the earth.
Suddenly the waiter entered carrying
Stark naked an icy pitcher of Chablis.

He beckoned us with signs, and we followed
To the breakers where the spray of the sea
Drenched us in chilling, icy brine.

Dripping with wine and sensual water
We fled back to the baths, where our souls
Melted and floated away to eternity.

Las fuentes termales de Big Sur

Estremeciéndonos en las aguas
calientes entramos y se rompió
el reflejo de plata de la luna
el que desintegró en el vapor.

Irresistible era el lascivo calor
de la profundidad perfumada.
Entró el camarero en cueros llevando
un cántaro enfriado de Chablís.

Llamó por seños, salió, y seguimos
al rompeolas donde el rocio del mar
chapoteó, helándonos con salmuera.

Chorreando vino y agua sensual
huimos hasta el baño y nuestras almas
se derritieron y flotaron hacia la eternidad.

Coral Bay
9 de abril de 1997

The Comet

From the depths of outer space
Attracted by the inexorable force of destiny
And the sun, she flows toward his burning embrace
Which melts the iciness of her heart.

She awoke me and drew me down to the beach
Where I could see her surging out of the ocean
Her hair streaming in torrents behind her
To carry me to her side in heaven.

Would that she were a kite so that
I could reel her closer to me and
Pour kisses upon her lips.

She turns and barely brushes my cheek.
She longs instead for the Sun, her inconstant lover.
I hope she may return again in five thousand years.

El cometa

Desde el fondo del espacio exterior atraido
por la fuerza inexorable del Sol
y del destino fluye hacia su abrazo ardiente
que derrite su helado corazón.

Me despierta y me atrae a la playa
donde yo la veo surgiendo de la mar
sus cabellos saliendo a torrentes detrás
para llevarme a su lado en el cielo.

¡Ojalá que fueses un cometa *
Yo podría su bramante devanar
y derramar besos sobre sus labios.

Vuelves y apenas toco su mejilla.
Ella anhela al Sol, su amante infiel.
Espero que vuelva en cinco mil años.

---

* un cometa es una chiringa.

Sherwood Forest
12 de abril de 1997

The Beautiful Sleeping Stranger
She was extraordinarily beautiful with dark gazelle eyes.
The Hill of Devi by E.M. Forster

We watched the ruby colored dawn
Until the sun burst forth from the bay
Casting down the clouds and darkness, and
Throwing into bold relief the skeleton of the plane.

We ended up snuggling side by side to rest.
She in her great coat slept,
Like a butterfly in its cocoon,
A princess waiting to be awakened.

When the sun banished the night,
The butterfly flew to the heavens;
Tied to earth she has left me behind.

Farewell precious beauty!
I am committed to a prior engagement that will
Never take place. Why did I not fly off with you?

La bella durmiente desconocida

She was extraordinarily beautiful with dark gazelle eyes.
The Hill of Devi by E.M. Forster

Miramos el rojizo amanecer
hasta que el sol surgió de la bahía
derrumbando las nubes y tinieblas
destacando el armazón del avión.

Nos recostamos descansando juntos.
Envuelta en su sobretodo durmió,
como una mariposa en su capilla,
la princesa esperando despertar.

Como el sol la noche a ella desterró,
como la mariposa vuela al cielo,
atado a la tierra dejándome atrás.

¡Dama preciosa, adiós! Comprometido
yo a una cita que tendrá lugar
nunca! ¿Por qué no volé contigo?

Aeropuerto de S. F.
3 de enero de 1997

"La casa de Bernarda Alba" and the Beautiful Spectator

She watches the funeral on stage
Wide eyed, like a frightened gazelle.
The rail supporting her elbow is
Gently touching her breasts in passing.

She laughs at the servant crying
Because her master no more
Will throw her skirts aloft in order
To violate her in the sweet smelling hay.

Blushing with passion she listens
Whilst the five virgin daughters struggle
For the love of their only suitor.

She weeps when the tyrannical mother tries
To assassinate her daughters' suitor, and
The disheartened daughter hangs herself.

"La casa de Bernarda Alba" [1]
y la bella espectadora

Mira asustada la vela, los ojos
muy abiertos como una gacela.
La barandilla que apoya su codo
suavemente retoca sus pechos al pasar.

Se ríe de la criada llorando porque
el maestro no más levantará
su falda encima de la cabeza
para en la paja fragante violarla.

Ruborizando con pasión, oye
mientras las cinco vírgenes luchan
por la mano del único novio y su amor.

Llora cuando la madre tirana intenta
al pretendiente de su hija asesinar
y su hija desalentada se ahorca.

---

[1] Federíco García Lorca, *"La casa de Bernarda Alba."*

Middlebury College VT
4 de julio de 1997

In the Garden

Majestically she stands on uncertain foot
Looking at the reddening fruit,
Bending down to caress it,
Then picking it without mercy.

She carries it to her tender face
That reflects the color of love apples
And sun light. The warm fruit mirrors
The curve of her soft face and warm body.

She appears like a butterfly
Looking down on the miracle of creation. But,
Is she not like unto a seed of mustard?

Oh that some gardener would nurture her
With water and with sunlight! Would she not
Bring forth branches and the fruits of love?

El jardín

Majestuosamente ella está de pie,
incierta mirando la fruta roja
y se inclina para acariciarla
cogiéndola sin piedad.

La lleva a su cara tierna que refleja
el color del tomate y la luz del sol.
La fruta caliente refleja las curvas
de su cara tierna y su cuerpo caliente.

Se asombra como una mariposa
mirando el milagro de su creación.
¿Es ella un grano de mostaza?.

¡Que le nutre con agua y con luz,
un jardinero! Ella a tales ramas
y frutas de su amor daría a luz.

                                    Sherwood Forest
                                    El setiembre de 1996

Middlebury College,
The School of Languages

Middlebury College,
La Escuela de Idiomas

The Nightingale

Silently we listen to our professor,
Enchanting us with words,
Singing softly of a nightingale,
A tale of chivalry, sad and lamentable.

The nightingale brought to the prisoner
In his cell, hope of redemption and of love,
And of liberation from his prison
Of silence, cold and darkness.

From the dungeon with neither light nor day
The nightingale rescued the prisoner.
The crossbow maker killed the nightingale!

The cold wind drove away the summer
Carrying away my nightingale, my teacher
Leaving me alone in dark winter, my prison.

El ruiseñor

Callados escuchabamos a nuestra profesora
quien nos decía lo que nos encantó
canturreaba un cuento, un romance
triste y lamentable del ruiseñor

que llevaba al prisionero en su cárcel
esperanza de redención y amor
y liberación de su prisión
de silencio, frío y tinieblas.

Donde no había ni luz, ni día.
El ruiseñor salvaba al prisionero.
¡Un Ballestero mató al ruiseñor!

El viento frío al verano rechazó
llevándome mi ruiseñor, mi maestra
dejándome en el invierno, mi prisión.

Middlebury College VT
11 de agosto de 1996

Waiting For Sunrise

Come O Sun! Bring warmth and cheer to this room
That has been left in obscurity. Tear away this shocking
Darkness. Liberate me, the landlord
Of this room from its chilling solitude.

Like the blind God, Cupid, that waits in stealth,
O Light! Intrude! Project the shadow
Of failing memories
On to the blank walls and empty floors.

Stay awhile in this desolate room.
Thou art so fair, thou far reaching light.
Fill up with fresh memories these sterile quarters.

O stay, rebuff the solitude and darkness.
Let your warmth remove the chill,
Until the Night arrives to extinguish you.

La noche oscura de mi celda

¡Ven oh Sol! a este cuarto y más alegre harás,
lo que se ha dejado en oscuridad. Arranca las tinieblas
brillante; librame, del terrateniente de esta
cámara de su frialdad y soledad

Como el violador al acecho, el dios ciego.
¡Oh Luz entremetete! Proyecta
tu sombra de memorias que desvanecen
sobre paredes blancas y suelos vacíos.

¡Quédate un rato en este cuarto vacío!
¡Luz! Eres tan hermosa y de gran alcance.
Llena este cuarto estéril con memorias frescas.

¡Quédate! rechazando la soledad
y las tinieblas; ¡Calienta la frialdad
hasta que la noche llegue para apagarte!

Middlebury College, VT
y Rockville, MD.
El agosto de 1996

A Candle in the Wind [1]

Rosy fingered dawn tugged at my bathrobe
Shattering the spine of my dreams.
In vain I looked for traces of her
Fragrance in my pillow.

There was no echo of her happy laughter
I readied myself to slip away
But her hair twining around
The bars of her window called to me.

We kissed across the wire mesh.
Her kisses tasted of tears and rust
And honey. Waves of passion swept over us.

Enlivened, her eyes lit up
Brightening like a candle. The wind blew it out.
My foolish heart was cast into darkness.

---

[1] Elton John

"Un cirio en el viento"

Manoseó mi bata el amanecer
roseado, haciendo añicos de la espina
de mi sueño. En vano busqué unos rastros
de su fragancia en mi almohada.

No había ningún eco de su risa alegre.
Me dispuse para salir a escondidas.
Pero el cabello de María rezando en
las rejas de su ventana me llamó.

A través de la malla nos besamos.
El beso supo a lágrimas, herrumbre,
y miel. Olas de pasión nos arrebataron.

Los ojos se animaron y relucieron,
igual que una vela. El viento la apagó.
"Mi necio corazón fue entenebrecido." [1]

---

[1] *La epistola del Apóstol San Pablo a los Romanos. I:21.*

Middlebury, Vermont
14 August 1997

The Secret World of my Hearing Aid

I walk in an exotic world, very
Different from yours. I feel sorry for you.
Do you not hear when you are walking the cricket's chorus
Beating time and serenading me?

The bathroom becomes like a music hall
With concerts richer than Verdi dreamt
In his anvil chorus or Delibe's
Bell Song in his opera, Lakmé.

What a nightmare is the classroom.
Each paper crumbled by a foolish student
Crackles like a forest fire.

The rainfall bombards me with artillery.
In this turbulent atmosphere
One can hardly hear the conference.

El mundo secreto de mi audífono

Yo camino en un mundo exótico
diferente del tuyo. ¡Pobre de tí!
¿No oyes cuando andas marchando el compás
el coro de grillos cantándome?

El baño se convierte en una sala
de conciertos más ricas de lo que jamás
había soñado Delibes en Lakmé,
su opera y la canción de las campanas.

¡Que pesadilla es la aula! Cada papel
estrujada por un alumno necio
crepita como un incendio forestal.

La lluvia me bombardea con artillería
En este sitio alborotadizo
Casi no se oye la conferencia.

Middlebury College, VT
11 de julio de 1997

Salomé Comes to Vermont

She is listening to the beat of a strange
Song from afar and her breasts begin
To undulate with a movement equal to
That of a palm tree swaying in the breeze.

Below, her hips are rocking
Like the pendulum of a clock
That is running too fast, creating
A maelstrom threatening to engulf me.

Her eyes reflect the floodlights and she laughs
At me, suddenly beginning to pirouette and
Creating a whirlpool that envelops me.

Her whirlwind is grasping my soul
And tugging at my heart.
Beautiful lady! You may not have my head.

Salomé viene a Vermont

Oye el compás de una rara canción
desde lejos y sus pechos están
ondulando con un movimiento igual
a la palmera meciéndose en la brisa.

Por debajo sus caderas se
balancean como un péndulo
de un reloj adelantado creando un
vórtice amenazando agarrarme.

Sus ojos reflejan un rayo y se ríe
de mi. Empezando a piruetear de repente
hace un torbellino dándome un tirón.

Su remolino está agarrando mi alma
y pidiéndome mi corazón.
¡Dama linda! No tendrás mi cabeza.

Middlebury College, VT
5 de julio de 1997

Waiting For Chabela

> *The red rose cries, "She is near, she is near,"*
> *And the white rose weeps, "She is late."*
> *The larkspur listens, "I hear, I hear,"*
> *And the lily whispers, "I wait."*
> *--- Alfred, Lord Tennyson: Maud*

I am waiting for Chabela in the patio
Hidden amongst the palms of the grand hotel,
Where half a century ago we defied the sharks
In order to swim, and our teacher disappeared.

I was trying to write her a sonnet of love,
That I might with my honeyed words
Overcome her modesty. But a recurring line of Tennyson, [1]
"'She cometh not' he said" erased all other poetry.

But it was craziness on my part to think she was late.
It's just that I am an impatient satyr burning with
Anxiety and desire, albeit well disguised as a man
Of business, looking like a funeral director.

Playing for the moment the role of medical missionary
I did not hasten to order a glass of India Beer, but told
the waitress only to be patient, that I was waiting for
Chabela. But to tell the honest truth:

I was waiting for a wild nymph, that I hoped
To capture, to captivate and carry away as a willing
Prisoner to the beach. Waiting I felt ready to explode.
But at the same time I feared to be struck dumb.

Esperando a Chabela

The red rose cries, "She is near, she is near;"
And the white rose weeps, "She is late,"
The larkspur listens, "I hear, I hear;"
And the lily whispers, "I wait."
---Alfred, Lord Tennyson: *Maud*

Estoy esperando a Chabela en el patio
escondido en las palmas del gran hotel,
donde hace cincuenta años, para nadar,
desafiamos a los tiburones y nuestra maestra desapareció.

Yo intento escribir un poema de amor
para vencer con mis palabras de miel
su modestia, pero nada pasa. Las palabras de
Tennyson '"...no llega,'" bloquean todo. [1]

Pero es una locura que ella llegue tarde.
Es que soy un sátiro, ardiendo con deseo y
aprensión, en mi disfraz: un traje de un hombre
de negocios, que parece director de pompas funebres,

y hace el papel de misionario médico.
Yo no me doy prisa en decir a la mesera que me traiga
un vaso de malta India, sino le digo que estoy
esperando a Chabela. Pero de verdad:

Estoy esperando una ninfa salvaje, que espero
cautivar, encantar y llevar, prisionera
voluntaria a la playa. Mientras tanto, pensé que me
iba explotar esperándola. Mi presión llega a un nivel peligroso.

Temo que cuando alf llegue
yo llegaré a ser sordo mudo.
¡Pero ya viene! Una ninfa auténtica,
escudriñando la escena, ilusionada.

But at 12:01 she comes. An authentic nymph
Scrutinizing the scene, peeking through the palms:
Impatient, expectant and frightened. I watch her
For a few moments; she has not changed.

But she is not displaying the uniform of a professor.
Instead she is dressed to the nines: for the beach.
Her raven tresses peep out from under her sun bonnet.
She is "a phantom of delight."

We embrace spontaneously with such intensity
That even the case hardened waitress is surprised.
We take off for the beach. The siren and the funeral
Director: an unlikely pair. We lose our way.

An aging gringo directs us to the restaurant on the
Beach. We sit and talk non-stop. I read my Spanish sonnets.
She tells me the history of her life: Her marriage, her divorce,
Her doctoral studies here and in New York.

She is busy asking me about my other teacher,
My late wife, my sweetheart, my voyages, my love and work.
The clock strikes the hour of four in the afternoon. She has
To leave. She lingers; I cling.

She leaves; I stay behind, looking at the beach,
And the white manes of the waves. I promised her a poem.
I want much more but I expect less.
I shall return! Who will be waiting for me then?

Mirando a través de las palmeras, ella
parece impaciente y asustada.
Yo la miro, por pocos momentos.
Ella no ha cambiado.

Pero no se viste de etiqueta haciendo el papel
de profesora, sino lleva un traje de baño. Sus cabellos
azabachados miran a hurtadillas debajo de su sombrero.

Ella parece un fantasma de encanto.
Nos abrazamos con tanta pasión asombrando a
la mesera y fuimos a la playa, pareciéndonos
como una sirena y un director de pompas funebres:
una pareja improbable. Nos perdemos. Un gringo nos ayuda.

Llegamos al restaurante en la playa, nos sentamos
y hablamos sin parar. A ella le leo mis sonetos españoles.
Ella me dice la historia de su vida, su casamiento,
su divorcio, su estudio en Nueva York y Río Píedras.

Ella está ocupada, interrogándome de mi maestra,
mi esposa, mi novia y mis viajes, mis amores y mi trabajo.
El reloj da la hora: son las cuatro de la tarde. Ella tiene
que salir, pero tarda en marcharse. Yo me le aferro.

Ella sale. Yo me quedo mirando la playa, las olas, y
las cabrillas. Yo le he prometido un poema y una
carta. Pero quiero mucho más, y espero menos.
Yo regresaré! ¿Quién estará esperándome?

Notes:
[1] Tennyson:
"She only said 'The night is dreary, He cometh not,' she said"

Isla Verde,
7 de noviembre de 1997

Autobiography

Dr. Savage is a retired psychiatrist and psychoanalyst who was born on September 25, 1918 in Berlin, Connecticut. He was educated at Yale University, the Pritzker School of Medicine at the University of Chicago, and the Washington-Baltimore Psychoanalytic Institute. Married for fifty years to Ethel Maurine Truss of Puerto Rico and Mystic, Connecticut, he has a daughter, a son, and four grandchildren.

He retired after 25 years of federal and ten years of state and local government service. He is the author or co-author of fifty articles and the co-editor of two books. In addition to being listed in *Who's Who in the East* and *American Men and Women of Science,* Dr. Savage is a member of the Undersea and Hyperbaric Medical Society, the American Psychiatric Association, the International Psychoanalytic Association, and the American EEG Society.

Since his retirement, Dr. Savage has lived at his homes in the U.S. Virgin Islands and in Sherwood Forest, Maryland. For the past six years he has been studying Spanish to assist in his volunteer work with medical-dental and educational missions in Guatemala. This summer of 1999, at the age of 80, he received a master's degree in Spanish from Middlebury College. He plans to return to his volunteer work in Guatemala this fall, and will continue his Spanish language studies and writing next year in Madrid, Spain.

Autobiografía

Dr. Savage es un psiquiatra y psicoanalista jubilado que
nació el 25 de setiembre de 1918 en Berlin, Connecticut,
E.U.A. Se educó en la Universidad the Yale, el Pritzker
School of Medicine at the University of Chicago, y el
Washington-Baltimore Psychoanalytic Institute. Casado por
cincuenta años con Ethel Maurine Truss de Puerto Rico y
Mystic, Connecticut, el Dr. Savage tiene una hija, un hijo,
y cuatro nietos.

Se jubiló después de 25 años de servicio federal y diez años
de servicio estatal y local. Es el autor o co-autor de
cincuenta artículos y es el co-redactor de dos libros.
Además de aparecer en la lista *Who's Who in the East* y en
American Men and Women of Science, el Dr. Savage es
miembro de las siguientes asociaciones: Undersea and
Hyperbaric Medical Society, American Psychiatric
Association, International Psychoanalytic Association,
American EEG Society.

Desde su jubilación, Dr. Savage ha vivido en sus hogares
en las Islas Vírgenes y en Sherwood Forest, Maryland.
Durante los últimos seis años ha estudiado el idioma
español para asistir en su trabajo voluntario en las misiones
médico-dentales y educacionales en Guatemala. Este verano
de 1999, a los 80 años, recibió su maestría en español de
Middlebury College. El Dr. Savage piensa volver a su
trabajo voluntario en Guatemala este otoño, y continuará
sus estudios y su escritura en español el próximo año en
Madrid, España.